65

영혼의 풍요로움과 더불어 누림이 예비된 삶으로의 초대

65

조춘숙 시집

을지출판공사

다윗이 죽을 날이 임박하매 그의 아들 솔로
몬에게 명령하여 이르되 내가 이제 세상 모
든 사람이 가는 길로 가게 되었으니 너는 힘
써 대장부가 되고 네 하나님 여호와의 명령
을 지켜 그 길로 행하여 그 법률과 계명과
율례와 증거를 모세의 율법에 기록된 대로
지키라 그리하면 네가 무엇을 하든지 어디
로 가든지 형통할지라 [열왕기상 2:1-:3]

❀ 프롤로그 I PROLOGUE

빛의 속도로
변화가 밀려오는 시대에
민조시로
짧게 표현해 본다.

내 나이만큼 담았다.

조춘숙

차례 | CONTENTS

국헌 조춘숙
菊軒 趙春淑

졸업

졸업은
다른 의미
또 다른 시작
배움은 진행형.

빛

태양의
강렬한 빛
생명의 요소
만물을 살린다.

어둠

칠흑의
어두움은
성장의 기간
성장의 지름길.

사랑

어느새
나도 몰래
다가온 사랑
따뜻한 인생길.

날씨요정

여행길
장마 예보
그러나 쨍쨍
나는 날씨요정.

명경

마음속
맑은 거울
흐려질세라
오늘도 닦는다.

AI

낯설다
기계 인간
곳곳에 있네
새로운 문화다.

에스프레소

커피의
베이직은
에스프레소
근간을 이룬다.

소믈리에

꽃차의
아름다움
힐링의 표상
색 · 맛 · 향 있는다.

한옥

한옥의
건축물은
토속적인 맛
된장과 닮았다.

사과 1

사과는
뉴욕시티
또 다른 이름
사랑이 영근다.

사과 2

애플폰
핸드폰은
신의 영역에
도전장 내민다.

갤럭시

천지인

동서남북

무지개 빛깔

지구를 넘어서.

유머

웃음은
건강 비결
널 바라보면
나는 건강해져.

바운스

걸을 때
리듬 타라
음악을 생각
젊음의 행진을.

매직타임

시간은
화살 같다
마법의 순간
절묘한 타이밍.

미학

우주의

창조섭리

신묘막측해

조화를 이룬다.

민조시

일이삼
사오육칠
팔구십 십이
열여덟 글자다.

철학

올바른
생각하는
이상형 인간
세상을 바꾼다.

다큐멘터리

기록은
여러 가지
입체적 도구
시대를 읽는다.

벚꽃

물들다

스며들다

핑크빛 무드

마음에 와닿다.

길

무형의
길을 찾아
선각자 정신
세상을 잇는다.

골든벨

노오란
병아리색
꽃의 이름은
개나리꽃이다.

스콜

장대비
주룩주룩
요즘 장마는
스페셜 커튼콜.

무지개

오색 빛
찬란하다
수를 놓으며
희망을 건넨다.

초월

무엇을

규정짓는

한계의 선을

뛰어넘어 보자.

아이콘

인생을
마친 뒤에
남는 것 하나
상징적 이미지.

산·땅·바다

선택은
각자 취향
마음의 끌림
발길이 머문다.

사진

순간의

기록 정신

작가의 시선

그 안에 담는다.

뿌리

뿌리가
튼튼해야
줄기가 튼튼
열매 풍성하다.

나그네

인생은
나그넷길
머물다 간다
아쉬움 남긴 채.

하와이 연정

바운스
리드미컬
유연한 동작
춤사위 멋지다.

카이로스

시간은
바람처럼
지나가더라
절묘한 타이밍.

바람

무색의
형체마저
보이지 않네
위력은 대단해.

바퀴

수평을
이루고서
둥근 바퀴는
신나게 달린다.

SNS

팔로우
알고리즘
구독 좋아요
초연결 시대다.

이름

세상에

태어나서

최초의 선물

나의 분신이다.

저술

글로써
풀어 낸다
나만의 영역
내 모습 보인다.

독서

오늘도
어김없이
마음의 양식
하루의 일과다.

피아노

오래된

피아노는

내 삶의 추억

건반에 뛰논다.

종교

인간의
연약함을
인정한 행위
인생의 동반자.

ps : One family under God.

건강 1

노후의
행복 조건
제일 순위는
건강한 신체다.

건강 2

채소와
상큼 과일
때론 고기로
몸을 건축한다.

지명

이름엔
남모르는
뜻이 담겼다
알아야 보인다.

새아가

유튜버
둥근언니
구독 좋아요
알림 설정 필수

옷

내면이
모습으로
얼굴 내민다
드러난 인격체.

컬러

사람의
이미지를
컬러로 표현
다양한 팔레트.

지우개

글씨를
잘못 써도
문제가 없다
지우면 되니까.

인체의 신비

사림 몸

신체 구조

신비함 가득

창조의 원동력.

자연

자연은
인간에게
시청각 교재
깨달음 얻는다.

무경계

시야가
무한하고
경계가 없다
우주는 이런 곳.

황금률

받고자
하는 대로
손 대접하면
저절로 오더라.

양파

양파는
까도 까도
늘상 새롭다
언제나 새 모습.

노래

새소리
물레 소리
악기 소리 중
제일은 목소리.

날씨

오늘의
날씨 정보
나아갈 채비
선택의 기준점.

반려묘

야옹이
세모 · 고고
밥 달라 야옹
소리로 말한다.

펜

애장품

나의 볼펜

크로스 세품

파란색 굵은심.

요트

바다 위
낭만 공간
바다의 언어
망망대해 항해.

비트코인

코인은
가상 화폐
무형의 존재
미지의 세계다.

히어로

인간을
뛰어넘는
절대 능력자
시대가 원한다.

악기

악기의
재료로는
귀한 것 쓰임
너의 소리 · 몸짓.

으라차차 내 인생

싱글 맘
서동희는
시대의 표상
사랑을 잇는다.

ps : KBS1 일일 드라마 '으라차차 내 인생'
(2022. 04. 11 ~ 2022. 09. 30) 120회

우당탕탕 패밀리

패밀리

우당탕탕

오케스트라

하모니 이룬다.

ps : KBS1 일일 드라마 '우당탕탕 패밀리'
(2023. 09. 18 ~ 2024. 03. 22) 131회

성장 드라마(용서와 화해)

개릭터

너머에는

상처가 있다

공감력 키우자.

ps : KBS1 일일 드라마 '우당탕탕 패밀리'
(2023. 09. 18 ~ 2024. 03. 22) 131회

삶

세상에

태어난 날

여행의 시작

지금은 여행 중.

❀ 에필로그 I EPILOGUE

- 초지혜

진정한 예술가들의 창조력은 고요한 내면으로부터 나온다. 위대한 과학자들도 생각이 멈춘 순간·고요한 상태에서 창조적인 돌파구가 열렸다고 말해 왔다. 고대의 영적 스승들은 지금 이 순간의 충만함이야말로 영적 차원으로 들어가는 열쇠로 보았다.

예수님도 새벽 이른 미명에 제자들이 잠든 시간에 일어나 자기만의 고요한 시간을 가지셨다. 섬광처럼 번뜩이는 영감·우주로부터 오는 초超지혜·신神을 만나는 시간도 고요한 순간이다. 모든 정신적인 창작물은 생각이 멈춘 고요한 시간의 산물이다. 고요한 시간에 정신적·영적 충만감이 찾아오기 때문이다.

조춘숙

인생 공식

칠흑 같은 어둠 다음엔
새벽이 온다.

차가운 칼바람 다음엔
봄이 온다.

낙심되는 절망 다음엔
희망이 온다.

마이너스와 플러스가
교차하는 것.

그것이 인생이다.

Life Formular

Dawn comes
after darkness.

Spring comes
after the cold winds.

Desperate despair
comes hope.

The intersection
of minus and plus.

It is life.

| 저자 | 국헌 조춘숙
菊軒 趙春淑

• 서울 출생. 인문학자. 목사. 상담학 박사. 사회교육 강사. 시인. 수필가. Artist

| 주요 경력 |

현 • 서울가정법원 상근조정위원
• 연세조찬기도회 기도위원
• 국사편찬위원회 사료조사위원
• 서울구치소 교정협의회 부회장
• 서울구치소 교정협의회 취업분과 부위원장

전 • 국가인권위원회 전문상담위원
• 한국지역사회교육협의회 성교육연구회 회장
• 인구보건복지협회 성교육 · 성상담 전문가
• 경기도 민방위교육 강사
• 경기도 민족통일 협의회 사무국장
• 통일교육 경기도협의회 운영위원
• 민주평화통일 자문회의 화성시협의회 간사
• 국사편찬위원회 사료조사위원 전국협의회 사무국장
• 수원 YWCA이사(회원위원장 · 국제친선위원장)
• 경북일일신문 논설위원

| 수상 내역 |

- 법무부장관 표창장
- 법원 행정처장 대법관 감사장
- 서울가정법원장 감사장
- 서울지방교정청장 표창장
- 서울중앙지방검찰청 감사장 표창장
- 서울구치소장 표창장
- 문화관광부 장관 표창장
- 화성시장 표창장
- 한국청소년 상담원장 감사장
- 수원 YWCA 회장 감사장
- 제17대 이명박 대통령 감사장
- 인구보건복지협회장 감사장
- 경기도교육청 교육감 감사장 외 다수

| 주요 저서 |

『Arise and Shine』, 『동기부여』, 『빛과 소금』, 『치유의 힘』, 『언더라인』, 『더불어 행복한 삶을』, 『궁금한 성 · 알고 싶은 성』, 『내 몸이 이상해요』, 『세계 어린이들이 좋아하는 그림동화』 전집 10권 외 다수

조춘숙 시집
65

1쇄 발행 2024년 10월 17일

지은이 | 조춘숙
펴낸이 | 김효열
펴낸곳 | 을지출판공사

등록번호 | 1985년 2월 14일 제 2-741호
주　　소 | 서울시 마포구 양화진길 41, 603호
우편번호 | 04083
대표전화 | 02) 334-4050
팩시밀리 | 02) 334-4010
전자우편 | ejp4050@daum.net

값 50,000원

ISBN 978-89-7566-240-9 03810